万樹奏

manjyusou

竹林館

中尾彰秀詩集　万樹奏

目次

神話の頁　6
人生最大の宴　10
魂の席　12
微笑　14
じ――――ん　16
虹の紐　18
天神崎　22
蝉の時間　24
机上のはがき　26
福石　28
電車　30
地蔵の桜　34
風の字のつぶやき　36
コシヌケ　38
みなもと　42
神恩と狭間　44
黒板　46

野生の宗教　48
いまここはるか　50
一点無限　52
渦　54
淡い風景　56
宇宙共生　60
精霊　62
対話　64
タンチュウチョウ　66
たま　68

あとがき　71
既刊ピアノCD　74
既刊詩集　75
著者略歴　77

中尾彰秀詩集

万樹奏

神話の頁

あ　赤子の声の公園のたまりに
赤い玉ひとつ静かに座し
あ　あることのみなもと今ここ遙かに
ねねね　根差していると
こここ　ここが無性に懐かしくなって
いいい　今ここは森羅万象
ししし　詩人志田静枝氏の「沈む夕日・出でる月」
ずっと残っていたイメージのおかげさまで気付いた

沈む朱の太陽と昇る白い月
紀の川大橋側道の西と東で
五月中旬静かに対面する

私はその真中　中腰のまま
つま先で無垢を研いで立つ
誰が予測したかこの軌道
耳鳴りするようなしないような
ボワーンと磁気高揚し上がる血圧
大気のめくれた裾擱んでジャンプする　るるる
やむにやまれず月の方向に少し移動し
葉脈と体液混ぜ適度に呼吸整える
あるない狭間の無限は
おもむろに開かれ踊る素粒子のまま
ずっと会いたかった懐かしい人に会い
まだ会ったことのない救世主と合体し
世界あるがままの歓喜という変革を深め
十年分の祈りすませたごとく
空気は特別に凛として　リンリンリン
はつらつと公園の大樹の精　私の胸にしみいる

高層マンションのどの部屋か
生まれたばかりの赤子が大笑い　優しさの
さっそく人間の粋を見極めたのか　かかか

時は百年千年万年一気に逆上り
私は今日も新しい神話の頁をめくる

人生最大の宴

今日の終わりになって
作るのである
今日の予定
風呂から上がって
ほのかに湯気立つ
十一時三十分
もうあと今日は
三十分しかないが大丈夫
九十才になってから
人生の計画立てるに等しく
決して遅くはない

心せよ遅かりしは存在しない
終活一生の準備などと
世の一般論はウソ八百
ここに居ながら遙かなここよ
今　魂の奥底まで透明になって
生まれてから死ぬ迄
億万の喜怒哀楽が歓喜となり
おお　宇宙に抱かれ
森羅万象のあるがままひかる踊りは
ヘソにからまるメビウスだ

永遠の生命の環へ
即座に沁み渡るコップ一杯の水
ただ呑む

魂の席

先日昼間うたた寝していると
よだれを垂らしている自分に気付いた
すかさずその片鱗右掌で受けたものの
のっけに何処からの声

彼も彼女も魂の席は同じひかりよ

一面ずらり花と蝶の夢見ていたのだ
似ている花と蝶本当に似ている
地球という土に密着する
植物と昆虫だけれど
大人になっても妙に似ていることが
なぜかしらと気になっていた

芽生え花開く
花開いてとぶ
美しく変化出来るエネルギーとは
数百億年の歴史隠し持つ
時空超えた
瞬間の永遠
永遠の瞬間

ついに解った
似ることとは来歴や起源を示す
神の法則

微笑

雨の足
雨の腹
雨の胸
無分別三昧
何とも美しい打楽器である
雨の音

どこであろうと
落つるところに
妙なる音色あり
ああ　こうごうしく
やさしくむごたらしく
降る雨よ

数年前なけなしの資金はたいて
ようやく雨漏りは修理され
雨の家の中で
体内の水琴絶えることなく
玄関の靴は湿り帯び
ひたすら耐えている
耐えることによって
一億年周期で解放される
深遠なものめざす

永遠の羅針盤
地球という巨大水晶よ
あっぱれ今夜訪れる
月光の増幅に導かれ導かれ
今ここ遙かの微笑浮かべる

じ————————ん

じーん
誰も飛び込まずとも
古池にしみいる音
たまの音ならぬ音
あるとないはざまの無限
ありかけてあるあまたの存在を導くみなもと
しずけさ以前の
じ————————ん
数億年前から
途絶えることなく続いている
へい！
亡くなった人も

今生きてる人も
これから生まれる人も
あなたが胸の中で育てている
生まれる以前からの愛と平和の音
しっかり伝うてるかい
どこかの巨匠が作曲した
上手い表現などと言う既成音楽の忘れた
今ここ天降る
最も大切な音

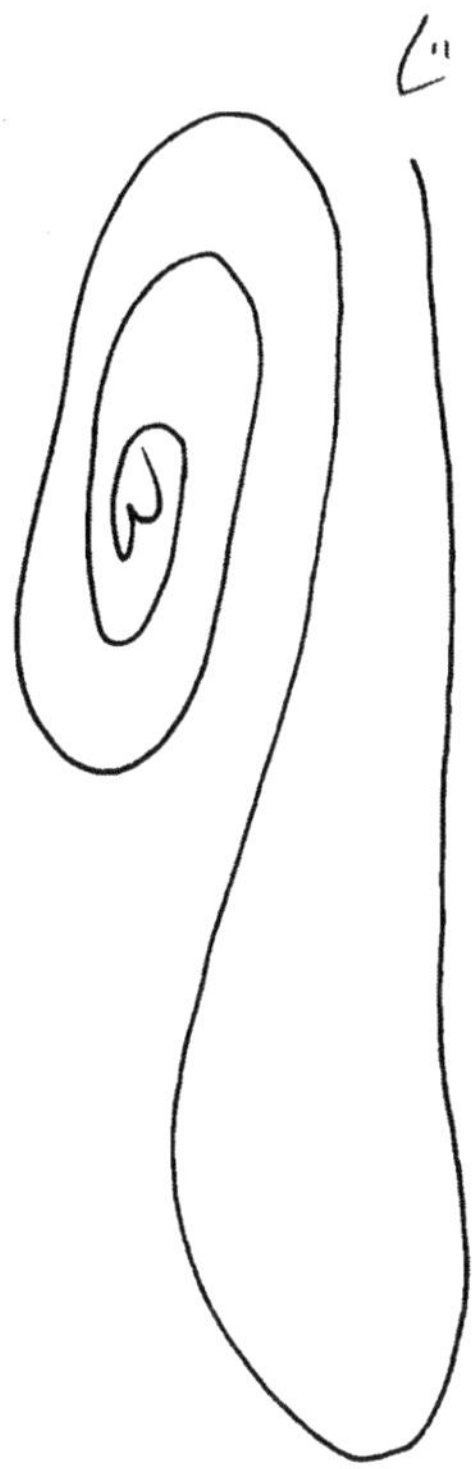

虹の紐

雨上がりの早朝
ふしぎなことに
おひさまちゃんと出て
奇跡のごとく鳥たちのシンフォニー

闇をひかりに変える体内装置は万全

秋葉山からやって来る
護衛ガラスのアローも遠くへ行き
テロも戦争もなく
上品な経済戦争はシレッな公害見事に隠す
ありがたくもこれを
平和と言う

あるとないの狭間が
しゅんかんとえいえんを
虹の紐でひとつに束ね
素粒子の襟正す
ここに来る人行く人ずっと居る人
森羅万象が一斉に
素肌晒してあわおどり
右に左にフラフラしながら
一歩また一歩前に進んで
魂に向かう長い短い道のりを愛する

今一層の静けさはやたら甘酢っぱく
静けさそのもの背骨伸ばしジャンプして
大自然のフンドシ干す
国道沿いにはにぎやかに潮風吹いて
生命を感じ感謝する度

束ねを強くする
虹の紐よ

天神崎

あなたは聴いただろうか
風の音色
生と死の狭間行き来する
古代と未来の狭間行き来する
ある時は優雅な植物の香り伴い
ある時は荒々しい動物の息遣いの
決して静止することない静かな
大きな白い月以外何物も背負わぬ
と囁く天使に導かれ
今の今の風の音色を
でも静けさとは
地球も宇宙も背負い
0（ゼロ）に無限見出すこと

天降るる森羅踊りて蝶の凩

いかなる天変地異あろうとも
受け入れる底抜けた勇気を
私は愛する
この地球端から端まで
訪ねた地をＢ２のエンピツで繋ぐと
すさまじかった苦も一時の楽も
浄化され次元上昇した
キャラメル箱入り生命の樹になって
天神崎に咲くミズバショウの花のごとく

限りなく透明な千年来の今　ホイホイホイ
限りなく懐かしい万年来の今　オリャオリャオリャ
限りなく美味な億年来の今　クエックエックエッ

蝉の時間

ミーンでなく
ジーン
そろいもそろって
同時に鳴き止むことのある
蝉たち
突如静けさのやって来る
夏の真昼の球体の丘
蝉の大切な時間
あるべくしてあると
存在の一切の哀しみ受け入れ
今だに戦争を繰り返す
人間ではさらさらなく

せいかんでうつくしい
蝉に生まれた短い今生を祈り
世界の平和のあり方そのもの
禅的にいや蝉的に
理解し直す
神様に内緒の時間
永遠と瞬間同時に得る愛の秘薬ここに

蝉と禅　隣は何をする神ぞ

机上のはがき

何かを書いてあなたに
送ろうと思っていた
何日かたっても
何も書かず
まだ
俯いたまま
白地をさらに白く輝かせている
机上のはがき

いつしか
風で
宇宙の狭間のごとき

護美箱にまぎれ
しかし大丈夫
時空超え
あなたは想うだけでどこにでもあり
魂の中心で正座し微笑する

ようやくにして今
あなたに送るべきは
万樹育つ平和な
地球そのものだと気付いて

福石

あの石は
どこへ行ってしまったの
和歌山城　千年の楠の足下

あの福石
ほんのりした温もりそのまま
誰かが持ち帰って
家で祭ってるの

誰もが
こんなステキな笑顔
本当は
持っているのだから
石は
もう
安心して
どこかへ
行ったのですね

表紙写真より。中尾彰秀写真展「ハートランド」五十点の内の一つ。
一九九三年大阪ペンタックスフォーラム。

電車

初老の男は
立っていた
席の空きを
全く意に介さず
そのまま大きな眼を見開いて
窓の外延々と眺めながら
実は外など見ていない
地上の欲望にかまけた混乱浄化し
湿り気のある風の天に舞う領域へ
スキップしながら
乳色の地球の果て見つめ

何を待っていたのか
何かを待っていたのか
待たずして既にある
いとやわらかき星抱く仕草で

やがてやって来た日の入り
やがてやって来た山
やがてやって来た海
やがてやって来た闇

ジ――――ンツツツ
森羅万象ありかけてある
妖精の淡いひかりだ

瞬間と永遠が等しく
内と外の究極の接点は
自らのヘソだと言わんばかり
ついに終着駅の一つ手前

微笑しながら
無言で電車を降りた
初老の男

地蔵の桜

風の芯に遊ぶ古代の息
深く長く近く永遠
どの桜よりも早く取り出して

今年も二月中旬に満開となった
限りなく透明のピンクは
何を物語る

半分散っていたが
かけづくり地蔵の桜
今年の私の巡り会い

舞いながら縄文の振りは
余りにもさりげなく白月をまじえ
紀ノ川のカーブ背に重力打ち消し
無尽蔵の平和を地平に降ろす
気狂い桜と呼ぶ人間のふらち
戒めるまでもなく

おーいたましい
身近過ぎて却って遠い魂
触れればメビウスらせんのひとひら
哀しきやんちゃな音色訪れる

風のつぶやき

初春晴天の早朝
幾分強い風に当たって
私は肩すぼめ川沿いに歩く
虫の様になって

例え机上でも
風と手で書くと
待ってましたとばかり
沸き起こる風は
異界のもの運ぶ余り風か

古代にずっとつながる
素股にひっそり隠れていた風
ハッと浮き足立つ自分は
はじめての自分
盲腸の手術した後の屁一発
拍手で迎える祝いの風

字は宀（宇宙）の子
他ならぬ
「詩を朗読する詩人の会〝風〟」は
実施五百回を超えて
リアリズムとプラーナ両立させ
漢字は生きている
生きている漢字のことば
風の字のつぶやき
どなたもぜひ手で描き続けて欲しい

コシヌケ

コシヌケ！

背後からの励ましの声
何度聞いただろう
とっさに風切り音察知し
顔を左に振って
上手く除け過ぎたらヤバイ
除けそこねたツバキは
後まで念入りに石鹸で洗う
時には真正面から

時間そのものに誤りの時間はある

誤った時間ほど長く感じるのは相対性理論か
森羅万象がニアミスして
お互いの存在を打ち消そうとする
とても偉い国の面被った怪物
せんそうセンソウ戦争
そこにはまって勘違いしっ放しの
日年月時間分秒
人殺しが正義の時代
誇らかにコシヌケと罵った猛者は
程なく外地で内地で
認識票と骨になり

誇り高きコシヌケ
父親は衛生兵だった
戦争の話は一切聞いたことがない
「ヘイタイさんは可哀そだね。
　また寝て泣くのかよ。」

一人言のごとき歌は
風呂越しに何度も聞いた
原爆投下後七年
和歌山城南三百メートルで
私は生まれた

みなもと

夜闇の奥域
こんなに明るくてよく眠れるものだ
寝ていても
ひかりに溢れている
視角ではない
内なる宇宙異次元のあかるさ
昼となく夜となく
実はいつも口開けている
本当はみなが持っている
たましいのみなもと

神恩と狭間

普段詩誌を送っているから
年賀状は出さない主義である
しかし年賀状をもらうのは大好きで
五十枚のノルマを課し毎年見事達成

珍しくクジは全滅したが
今年二〇一八年の年賀状
二つの共感を得るものあり

一つは「神恩」
少年の頃よりの夢が叶っているという
喜びの一通

全ては神の導きなのだ
川沿いの公園で愛犬と少年の写真が輝く

もう一つは「あるないの狭間」
大岩二つ描き線で結んでいるだけ
あるとない狭間の無限イコール神
最近になってやっと
湯川秀樹氏の中間子論と波動
共通する神性だと知られてきた

前者は音楽家
後者はデザイン美術家
何れも先見の明の人

黒板

二年生の時だったか
小学校の長い廊下の黒板
ごく間近な運動会の予定表を
何気なしに見ていると
天使になったごとく
見ている自分を見ていた
あまり物を覚えたくない性格が幸いして
とうに還暦越えた今でも
その時のシホシホの空気の味すら
はっきり覚えている
社会的物的現象ならぬ
重力も次元も超えたほんの魂の出来事

予定表は運動会ならず
妙なかたりであってどこかの星のことば
の様な気もする
人生はしかし平凡で
何事もないのが良いにせよ
誰しもが永遠の自分自身の発見者なのだ

野生の宗教

遠去かる音という音
闇の中心はむしろほの温かく
風の根古代よりの大地に生える
静けさの中にある静けさ
生命の中心の七色とぐろ
宇宙の門

二十二年は生きていたと言う
雑種の白い秋田犬ゴルゴ
もう死ぬと思われた日の夜失踪した
どこへ行ったのか
葬式の用意までしていたのに

先祖代々野生の動物は

いざ死ぬ時察知して
どこか誰も知らぬところに消える
自らを大自然（宇宙）に合体させ
悦楽の内にこの世の生命を閉じる
閉じるのでなく永遠の生命の環に乗る

じゃあまたねゴルゴ
生前一人（一匹）で夜散歩しているのを
何度も見掛けた
玄関の立派な木彫の鼻にツンと触れ
死んでも波動は残りますよ
魂は永遠
死んでから出て来て壁にカリカリした
ウチの猫を詩に書いたとか
偉そうなこと言い
ホロリ家主を泣かせ
私は帰る

いまここはるか

雨で外廻りの仕事の出来ない一日長い一日
何かをするべく天に作られた一日
もろもろの関係引き寄せムダ除いて
濡れタオルで気力振りしぼって
今日出来ることを見つけ出す
時間が止まっていたのか
それにしても今だによくあったものだ
私である私ははじめから
時空超えていたのかも知れないいやきっと
昔取り逃したこと今になって浮上して
途中で見るのをやめた
大きな水晶に抱かれた夢の様に

不可能と思い込んでいたことの可能性
あるとない狭間の無限掌に
風があってああ風があってててて
ゆっくりとした丹田呼吸にうずまきりんとする
森羅万象見出して

一点無限

スピリチュアルな短詩の王国日本を蘇らせる現代詩。
内なる宇宙と無限、長短得て初めて光る星のごとく。

万物のひかり得て歩く只歩く　　歩く

朝一の蝉は岩割り宇宙鳴く　　蝉

服の様にオーラまとといて人はあり　　オーラ

宇宙球行き来の仕事速トンボ　　速トンボ

地蔵金人を選んで四千万円　地蔵さん

あるがまま淵よ中心よ野の百合一　百合一

天降りの今ここ遙か秋の虫　秋の虫

ゲタの裏紅葉張り付く一瞬永遠　紅葉

たましいに山彦している頁かな　顔

一点無限指先発する秋風そよ　一点無限

渦

どこへ吹くのでもないのに
風は透き通り
どこを照らすのでもないのに
光は透き通り
今となってはむしろ懐かしい
しいたげられた日々を祝福し
感謝の鏡に照らせば見えてくる
自らを導くがごとく
ありてあることそのものにある
大いなるものの力

あなたは知っているだろうか
我々の動きに伴い発生する渦を
渦は風と光と影にまみれ
太陽と月の目くばせする出入り時
時折り見る龍それは渦
私はもうすぐ六十七になるが
様々の体験は
いくつ奈落通っただろう
いくつの闇光に変えただろう
しかしその考えは間違っている
深き処では常に
宇宙一体成就しかないのだから
渦は次元変換装置に他ならない

風透き通り　今ここ遙かから
光透き通り　今ここ遙かへと

淡い風景

冬の寒地球まるごとたゆたゆと

幼少時から
何百回となく訪れている処は
来るでなく巡るでなく
還る
魂だけになっても
忘れられぬ処は
還るなのだ
一番は自分の身体
二番が和歌浦
一番がなくなったら
二番が一番に昇格

実際そこは
詩人　音楽家　画家　写真家
ひしめき合って住んでおり
まっさらなするどい風の気配感じながら
五分歩けば一詩短冊にスルリ
ゆっくり潮吸いながら松林
屁でもこいて十分歩けば
天よりひねりの新曲

淡い遠景はその淡さゆえ
転調に七色の虹からまり
古代から未来への段差
一瞬の内に懐で平らかにしつつ
言葉音楽一体に波動でありながら
あるとない　極大と極小
同時に掌で慈しみ

とうに森羅万象の素粒子原始転換しており
海の静かな背ビレ生き生きと光るのだだだ

宇宙共生

逆立ちして二頭のライオンの文様の蝶
広い紫の草の原
弱者は強者の面影抱いてやさしく
お互いの中にお互いを認め
我を忘れ生き死にを
何万回となく繰り返していると
環境の面影全体はインプットされ
細胞に刻印されついには
受粉は森（地球）を造る　生命の開花

人間は
神や天使の面影抱いて

癒やされたい弱虫だから
魂を引き込み優しく対話し生きる

でもこれ以上破壊してはいけません
この地球　温暖化の責任誰も取らない
でもなお気付いて欲しい
人間も大自然の生物たちと同じく
地球で共生していることを

「リヴィエール」一六〇号の表紙写真
（撮影　故 釣部与志氏）を観ながら

精霊

くれぐれも新聞は粗大ゴミにするにせよ
あまりきっちり折りたたまないように
活字が音化する時
重なり過ぎて詰まる
詰まって世界の呼吸が
浅く鈍くからまりくぐまる
音を重ね過ぎたやたら重厚な
かつての古典の名曲のごとく
活字は人知れずいつも
音楽に変身してるから
活字の音化現象は
詩という波動共鳴に他ならず

時に朱の雲立ち込め渦巻いて
やあ精霊よ

動物と植物行き来する瀬戸際のひねり
あるとない狭間自由に行ったり来たりのむげん
天と地何れも見すえた空（クウ）
古代をせり出した風が次元超えた宮殿となって
魂から宇宙は平和なのだあっけらかん愛らしく

対話

鬼瓦とはっさく友増やす夜の風呂

幾多の嵐乗り越え
三十数年成育し
やっと鬼瓦と差し向かいになったはっさく
もう少し庭の真中に植えるべきであったが
水脈を黄金に変える術ますます磨きかけて

鬼瓦の然とした睨みの絶妙
遙かな現今という宇宙力は
無言を美徳とし大気を左に渦巻く

はっさくははっさくで
鬼瓦は鬼瓦で
私は私で
気付いているのだ
大いなるものに祝福されていることに

風ひとつないまま一枝だけさもゆるやかに
揺れることがあるさしずめ鬼介した
異界からの招きあるいは余り風のプレゼントは
思わぬ幸もたらして私を誘う
たまのひかりますます大きくやさしく

タンチュウチョウ

いかなる長さであっても
サラリと宇宙のまなざし
眼に見えぬやさしさの橋のごとく
森羅万象五色の虹でつなぎ
早朝祈りながら一字一句
白い息でまぶす
万人の生命の脈搏嬉々とよみがえる
梅の香含んだ古代の風のひと吹き

タンチュウチョウ
短――五七五・五七五七七

（第十三詩集『うちゅういち』）

中――五行詩　（第二十四詩集『五行聖地』）
長――長いの　（第二十三詩集『天降りの宴』）

タンチュウチョウはばたくのは年一度
詩集の出来上がった明くる日の早朝
あるとないの狭間
竜巻と静けさの同居し
素粒子が新たな現実をつくる無限の原野
まだ成長する素股のウブ毛隠しもせず
山脈を見上げる広い小高い河原で
堂々と胸張って
これがはばたきと言うがごとくはばたく
ほのじろく四次元の口開けた生死の境界ない銀河
永遠の生命の環に導かれ
まほろば　ほろびるまでのま百年千年万年
多次元混在の愛すべき宇宙

たま

信号待ちで三回廻る　聖なる地球忘れるな
散歩で三十回飛ぶ　星の一光年遙かと
食前に三回祈る　医食同源ひかる命の
小便で三回抱く　水の永遠回帰浄化の今へ
大便で五回ひねる　宇宙の環の連鎖絶つことなく
入浴で十回踊る　日々の再生すさまじくも美しく

森羅万象自らの分身にして
世界を素粒子で組み立て直すがごとく
一人一人瞬間瞬間生命の妙まろやかに
呼吸の悦楽大いになるものに成り渡り
秘密のうたひ日に百回唱えていると
たま　空間にあらわれ

白い丸笑うてるよな
オレンジの大丸ゆうぜんと
四次元の存在
瞑想中何度もみた
大イベントのピアノインプロヴィゼイション
宇宙一体渦巻き反転する
詩のゆらめくひらめきに

果たせるかなこの世三次元に癒し注入している
日々の暮らしに活力もたらす
あるとない狭間無限のみなもと
うれしく哀しく凛として
地球人種民族国超え
古代以前からずっとあった
死んでからもずっとあり続ける
愛と平和のみなもと
億の人気付かぬまま持ってる宝よ

あとがき

スピリチュアルとリアリズムを合体させた、私の造語「スピリアル」。具体的な物性や行為を伴うスピリチュアルを意味する。前詩集（第24）『五行聖地』にせよ、今回（第25）『万樹奏』にせよ、ますますスピリアル！　現代詩はしつこさがお好きというわけではないが、今回はネチコさも加えて。ちなみに「万樹奏」、「万樹」は地球、「奏」は天の字のとおり天降りのインプロヴィゼイション音楽を意味する。音楽と詩は元々表裏一体。ただし、既成の曲を習って奏じるのとは異次元。

さて、たまたま「たま」の初出になったアンソロジー、『現代生活語詩集』（二〇一八年　竹林館）に同じく載せられているすばらしい一詩、尾崎まこと氏の「もしも地球が青い暗号であるならば」。双方同じ意味の表と裏。決してこれはたまたまではない。詩の志向性が現代では癒し神がかり、深い波動であるのが常識なのだ。相変わらず自意識泥沼リアリズムは魂の奥域の癒しを忘れたままなのだ。

そもそも、古代よりの波動が現代・未来を救うべく予測していたに違いなく、私は芦屋の山で発見された「カタカムナ」にいそしんでいる。もとより、瞑想・気功・レイキにせよ、ことごとく時代を超えた古代よりの知恵であることにあらためて驚きつつ。

なお、思い切った今回の詩集の実現は、竹林館社主の左子真由美氏の力以外の何物でもない。深く感謝いたします。一切を含める大いなるものにさらに感謝を重ねて。

中尾彰秀

二〇一九年四月二十一日

＊既刊ピアノＣＤ　全57枚（天降りのインプロヴィゼイション）

（１）「魂の旋律」2003年
（４）「南方熊楠へのオマージュ」2007年（詩集『龍の風』付属）
(11)「Shall we dance in the moon」2009年
(15)「哀愁の一四〇年」2010年
(17)「聖なる木」2011年
(19)「夜明けの砂浜で地球の背ビレを」2011年
(25)「ポエムタイムトラベル」2014年
(27)「五音聖地」2014年
(28)「世界詩産」2014年
(32)「メビウスの花畑」2015年
(38)「不死鳥の曲」2016年
(39)「未来の詩音」2016年
(40)「樹望」2016年
(41)「あまてらす」2016年
(44)「聖なる地球」2017年
(46)「アリストクラートとの踊り」2017年
(47)「原始転換」2017年
(48)「歌ってよたま」2018年
(54)「桜とカノンとニルヴァーナ」2018年
(55)「二〇一九、一、一三」2019年
(56)「再びのタイムトラベル」2019年
(57)「並行宇宙」2019年

（詩集付属ＣＤ以外はすべて「森羅通信の会」各定価1,000円
郵便振替00940-4-29604　定価＋送料なし）

＊既刊詩集　全 25 冊

第 5 詩集『舞粥』（1987年　編集工房ノア）
第 9 詩集『気踏歌』（1994年　竹林館）
第10詩集『何事もなかったかのように』（1996年　編集工房ノア）
第12詩集『呼吸のソムリエ』（2000年　竹林館）
第13詩集『うちゅういち』（2002年　竹林館）
第15詩集『ダイダラボッチ散歩クラブ』（2004年　竹林館）
第16詩集『レディナダ』（2005年　竹林館）
第18詩集『龍の風』（2007年　竹林館）
第20詩集『静かな背ビレ』（2010年　森羅通信の会）
第21詩集『月の雫をワイングラスで飲めば』（2012年　竹林館）
第22詩集『EARTHPOEMPROJECT ―風の起源―』
（2014年　森羅通信の会）
第23詩集『天降りの宴』（2017年　森羅通信の会）
第24詩集『五行聖地』（2018年　森羅通信の会）
第25詩集『万樹奏』（2019年　竹林館）

（ピアノ CD を付属しているのは、18,23,24 詩集）

著者略歴

中尾 彰秀（なかお あきひで）

詩人・ピアニスト・ヒーラー。

立命館大学文学部哲学科卒。

瞑想・気功・レイキ・カタカムナにいそしむ。

ペンタックスフォーラム大阪東京にて写真個展、一九九〇年代。

関西詩人協会会員・元運営委員

日本詩人クラブ会員

「詩を朗読する詩人の会“風”」世話人代表

「EARTHPOEMPROJECT」代表

日本現代詩歌文学館振興会評議員

詩誌「森羅通信」出版

「和歌山詩の会」代表

「ＥＰＰ詩の教室」主催

「ポエムテラ小屋」主催

現 住 所　〒641-0041　和歌山市堀止南ノ丁3-19

TEL/FAX　073-422-7248

中尾彰秀詩集　**万 樹 奏**

2019年8月8日　第1刷発行
著　　者　中尾彰秀
発 行 人　左子真由美
発 行 所　㈱ 竹林館
〒530-0044　大阪市北区東天満2-9-4　千代田ビル東館7階FG
Tel　06-4801-6111　Fax　06-4801-6112
郵便振替　00980-9-44593　URL http://www.chikurinkan.co.jp
印刷・製本　モリモト印刷株式会社
〒162-0813　東京都新宿区東五軒町3-19

ISBN978-4-86000-411-8　C0092